THIS PLANNER BELONGS TO:

👤 _____

☎ _____

@ _____

🏠 _____

✍ _____

Name:_____
Phone:_____
_____

Name:_____
Phone:_____
_____

Name:_____
Phone:_____
_____

Name:_____
Phone:_____
_____

Name:_____
Phone:_____
_____

Name:_____
Phone:_____
_____

Name:_____
Phone:_____
_____

Name:_____
Phone:_____
_____

Name:_____
Phone:_____
_____

Name:_____
Phone:_____
_____

Name:_____
Phone:_____
_____

Name:_____
Phone:_____
_____

Name:_____
Phone:_____
_____

Name:_____
Phone:_____
_____

Name:_____
Phone:_____
_____

Name:_____
Phone:_____
_____

Name:_____
Phone:_____
_____

Name:_____
Phone:_____
_____

Name:_____
Phone:_____
_____

Name:_____
Phone:_____
_____

Name:_____
Phone:_____
_____

Name:_____
Phone:_____
_____

Name:_____
Phone:_____
_____

Name:_____
Phone:_____
_____

Name:_____

Phone:_____

_____

Name:_____

Phone:_____

_____

Name:_____

Phone:_____

_____

Name:_____

Phone:_____

_____

Name:_____

Phone:_____

_____

Name:_____

Phone:_____

_____

Name:_____

Phone:_____

_____

Name:_____

Phone:_____

_____

Name:_____

Phone:_____

_____

Name:_____

Phone:_____

_____

Name:_____

Phone:_____

_____

Name:_____

Phone:_____

_____

Name:_____

Phone:_____

_____

Name:_____

Phone:_____

_____

Name:_____

Phone:_____

_____

Name:_____

Phone:_____

_____

Name:_____

Phone:_____

Name:_____

Phone:_____

Name:_____

Phone:_____

Name:_____

Phone:_____

Name:_____

Phone:_____

Name:_____

Phone:_____

Name:_____

Phone:_____

Name:_____

Phone:_____

Name:_____

Phone:_____

_____

Name:_____

Phone:_____

_____

Name:_____

Phone:_____

_____

Name:_____

Phone:_____

_____

Name:_____

Phone:_____

_____

Name:_____

Phone:_____

_____

Name:_____

Phone:_____

_____

Name:_____

Phone:_____

_____

Name:_____

Phone:_____

_____

Name:_____

Phone:_____

_____

Name:_____

Phone:_____

_____

Name:_____

Phone:_____

_____

Name:_____

Phone:_____

_____

Name:_____

Phone:_____

_____

Name:_____

Phone:_____

_____

Name:_____

Phone:_____

_____

Name:_____

Phone:_____

_____

Name:_____

Phone:_____

_____

Name:_____

Phone:_____

_____

Name:_____

Phone:_____

_____

Name:_____

Phone:_____

_____

Name:_____

Phone:_____

_____

Name:_____

Phone:_____

_____

Name:_____

Phone:_____

_____

Name:_____
Phone:_____
_____

Name:_____
Phone:_____
_____

Name:_____
Phone:_____
_____

Name:_____
Phone:_____
_____

Name:_____
Phone:_____
_____

Name:_____
Phone:_____
_____

Name:_____
Phone:_____
_____

Name:_____
Phone:_____
_____

Name:_____
Phone:_____
_____

Name:_____
Phone:_____
_____

Name:_____
Phone:_____
_____

Name:_____
Phone:_____
_____

Name:_____
Phone:_____
_____

Name:_____
Phone:_____
_____

Name:_____
Phone:_____
_____

Name:_____
Phone:_____
_____

Name:_____
Phone:_____
_____

Name:_____
Phone:_____
_____

Name:_____
Phone:_____
_____

Name:_____
Phone:_____
_____

Name:_____
Phone:_____
_____

Name:_____
Phone:_____
_____

Name:_____
Phone:_____
_____

Name:_____
Phone:_____
_____

Website:_____
Login:_____
Password: _____
Notes: _____
_____

Website:_____
Login:_____
Password: _____
Notes:_____
_____

Website:_____
Login:_____
Password: _____
Notes: _____
_____

Website:_____
Login:_____
Password: _____
Notes: _____
_____

Website:_____
Login:_____
Password: _____
Notes: _____
_____

Website:_____
Login:_____
Password: _____
Notes: _____
_____

Website:_____
Login:_____
Password: _____
Notes:_____
_____

Website:_____
Login:_____
Password: _____
Notes: _____
_____

Website:_____
Login:_____
Password: _____
Notes: _____
_____

Website:_____
Login:_____
Password: _____
Notes: _____
_____

Website:_____

Login:_____

Password: _____

Notes: _____

_____

Website:_____

Login:_____

Password: _____

Notes:_____

_____

Website:_____

Login:_____

Password: _____

Notes:_____

_____

Website:_____

Login:_____

Password: _____

Notes: _____

_____

Website:_____

Login:_____

Password: _____

Notes: _____

_____

Website:_____

Login:_____

Password:_____

Notes:_____

Website:_____

Login:_____

Password:_____

Notes:_____

Website:_____

Login:_____

Password:_____

Notes:_____

Website:_____

Login:_____

Password:_____

Notes:_____

Website:_____

Login:_____

Password:_____

Notes:_____

Website:_____

Login:_____

Password: _____

Notes: _____

_____

Website:_____

Login:_____

Password: _____

Notes:_____

_____

Website:_____

Login:_____

Password: _____

Notes:_____

_____

Website:_____

Login:_____

Password: _____

Notes: _____

_____

Website:_____

Login:_____

Password: _____

Notes: _____

_____

Website:_____

Login:_____

Password: _____

Notes: _____

_____

Website:_____

Login:_____

Password: _____

Notes:_____

_____

Website:_____

Login:_____

Password: _____

Notes:_____

_____

Website:_____

Login: _____

Password: _____

Notes: _____

_____

Website:_____

Login:_____

Password: _____

Notes: _____

_____

Website:_____

Login:_____

Password: _____

Notes: _____

_____

Website:_____

Login:_____

Password: _____

Notes:_____

_____

Website:_____

Login:_____

Password: _____

Notes: _____

_____

Website:_____

Login: _____

Password: _____

Notes: _____

_____

Website:_____

Login:_____

Password: _____

Notes: _____

_____

Website:_____
Login:_____
Password: _____
Notes: _____
_____

Website:_____
Login:_____
Password: _____
Notes:_____
_____

Website:_____
Login:_____
Password: _____
Notes: _____
_____

Website:_____
Login: _____
Password: _____
Notes: _____
_____

Website:_____
Login:_____
Password: _____
Notes: _____
_____

Website:_____

Login:_____

Password: _____

Notes: _____

_____

Website:_____

Login:_____

Password: _____

Notes:_____

_____

Website:_____

Login:_____

Password: _____

Notes:_____

_____

Website:_____

Login:_____

Password: _____

Notes: _____

_____

Website:_____

Login:_____

Password: _____

Notes: _____

_____

2021 CALENDAR

January

S	M	T	W	T	F	S
x	x	x	x	x	1	2
3	4	5	6	7	8	9
10	11	12	13	14	15	16
17	18	19	20	21	22	23
24	25	26	27	28	29	30
31	x	x	x	x	x	x

February

S	M	T	W	T	F	S
x	1	2	3	4	5	6
7	8	9	10	11	12	13
14	15	16	17	18	19	20
21	22	23	24	25	26	27
28	x	x	x	x	x	x
x	x	x	x	x	x	x

March

S	M	T	W	T	F	S
x	1	2	3	4	5	6
7	8	9	10	11	12	13
14	15	16	17	18	19	20
21	22	23	24	25	26	27
28	29	30	31	x	x	x
x	x	x	x	x	x	x

April

S	M	T	W	T	F	S
x	x	x	x	1	2	3
4	5	6	7	8	9	10
11	12	13	14	15	16	17
18	19	20	21	22	23	24
25	26	27	28	29	30	x
x	x	x	x	x	x	x

May

S	M	T	W	T	F	S
x	x	x	x	x	x	1
2	3	4	5	6	7	8
9	10	11	12	13	14	15
16	17	18	19	20	21	22
23	24	25	26	27	28	29
30	31	x	x	x	x	x

June

S	M	T	W	T	F	S
x	x	1	2	3	4	5
6	7	8	9	10	11	12
13	14	15	16	17	18	19
20	21	22	23	24	25	26
27	28	29	30	x	x	x
x	x	x	x	x	x	x

July

S	M	T	W	T	F	S
x	x	x	x	1	2	3
4	5	6	7	8	9	10
11	12	13	14	15	16	17
18	19	20	21	22	23	24
25	26	27	28	29	30	31
x	x	x	x	x	x	x

August

S	M	T	W	T	F	S
1	2	3	4	5	6	7
8	9	10	11	12	13	14
15	16	17	18	19	20	21
22	23	24	25	26	27	28
29	30	31	x	x	x	x
x	x	x	x	x	x	x

September

S	M	T	W	T	F	S
x	x	x	1	2	3	4
5	6	7	8	9	10	11
12	13	14	15	16	17	18
19	20	21	22	23	24	25
26	27	28	29	30	x	x
x	x	x	x	x	x	x

October

S	M	T	W	T	F	S
x	x	x	x	x	1	2
3	4	5	6	7	8	9
10	11	12	13	14	15	16
17	18	19	20	21	22	23
24	25	26	27	28	29	30
31	x	x	x	x	x	x

November

S	M	T	W	T	F	S
x	1	2	3	4	5	6
7	8	9	10	11	12	13
14	15	16	17	18	19	20
21	22	23	24	25	26	27
28	29	30	x	x	x	x
x	x	x	x	x	x	x

December

S	M	T	W	T	F	S
x	x	x	1	2	3	4
5	6	7	8	9	10	11
12	13	14	15	16	17	18
19	20	21	22	23	24	25
26	27	28	29	30	31	x
x	x	x	x	x	x	x

January 2021

SUNDAY	MONDAY	TUESDAY	WEDNESDAY
3	4	5	6
10	11	12	13
17	18	19	20
24	25	26	27
31			

THURSDAY	FRIDAY	SATURDAY	Notes
	1	2	
7	8	9	
14	15	16	
21	22	23	
28	29	30	

FEBRUARY 2021

SUNDAY	MONDAY	TUESDAY	WEDNESDAY
	1	2	3
7	8	9	10
14	15	16	17
21	22	23	24
28			

FEBRUARY 2021

THURSDAY	FRIDAY	SATURDAY	Notes
4	5	6	
11	12	13	
18	19	20	
25	26	27	
X	X	X	
X	X	X	

MARCH 2021

SUNDAY	MONDAY	TUESDAY	WEDNESDAY
	1	2	3
7	8	9	10
14	15	16	17
21	22	23	24
28	29	30	31

March 2021

THURSDAY	FRIDAY	SATURDAY	Notes
4	5	6	
11	12	13	
18	19	20	
25	26	27	
X	X	X	
X	X	X	

APRIL 2021

SUNDAY	MONDAY	TUESDAY	WEDNESDA
4	5	6	
11	12	13	1
18	19	20	2
25	26	27	2

APRIL 2021

THURSDAY	FRIDAY	SATURDAY	Notes
1	2	3	
8	9	10	
15	16	17	
22	23	24	
29	30	X	
X	X	X	

MAY 2021

SUNDAY	MONDAY	TUESDAY	WEDNESDA
2	3	4	
9	10	11	1
16	17	18	1
23	24	25	2
30	31		

MAY 2021

THURSDAY	FRIDAY	SATURDAY	Notes
x	x	1	
6	4	8	
13	14	15	
20	21	22	
27	28	29	
x	x	x	

JUNE 2021

SUNDAY	MONDAY	TUESDAY	WEDNESDAY
		1	2
6	4	8	9
13	14	15	16
20	21	22	23
27	28	29	30

JUNE 2021

THURSDAY	FRIDAY	SATURDAY	Notes
3	4	5	
10	11	12	
17	18	19	
24	25	26	
X	X	X	
X	X	X	

July 2021

SUNDAY	MONDAY	TUESDAY	WEDNESDAY
4	5	6	
11	12	13	14
18	19	20	2
25	26	27	2

July 2021

THURSDAY	FRIDAY	SATURDAY	Notes
1	2	3	
8	9	10	
15	16	17	
22	23	24	
29	30	31	
x	x	x	

AUGUST 2021

SUNDAY	MONDAY	TUESDAY	WEDNESDA
1	2	3	
8	9	10	1
15	16	17	1
22	23	24	2
29	30	31	

August 2021

THURSDAY	FRIDAY	SATURDAY	Notes
5	6	7	
12	13	14	
19	20	21	
26	27	28	
x	x	x	
x	x	x	

September 2021

SUNDAY	MONDAY	TUESDAY	WEDNESDAY
			1
5	6	7	8
12	13	14	15
19	20	21	22
26	27	28	29

September 2021

THURSDAY	FRIDAY	SATURDAY	Notes
2	3	4	
9	10	11	
16	17	18	
23	24	25	
30	x	x	
x	x	x	

October 2021

SUNDAY	MONDAY	TUESDAY	WEDNESDA
3	4	5	6
10	11	12	1
17	18	19	2
24	25	26	2
31			

October 2021

THURSDAY	FRIDAY	SATURDAY	Notes
x	1	2	
7	8	9	
14	15	16	
21	22	23	
28	29	30	
x	x	x	

November 2021

SUNDAY	MONDAY	TUESDAY	WEDNESDA
	1	2	3
7	8	9	1
14	15	16	1
21	22	23	2
28	29	30	

November 2021

THURSDAY	FRIDAY	SATURDAY	Notes
4	5	6	
11	12	13	
18	19	20	
25	26	27	
X	X	X	
X	X	X	

December 2021

SUNDAY	MONDAY	TUESDAY	WEDNESDAY
			1
5	6	7	8
12	13	14	15
19	20	21	22
26	27	28	29

December 2021

THURSDAY	FRIDAY	SATURDAY	Notes
2	3	4	
9	10	11	
16	17	18	
23	24	25	
30	31	x	
x	x	x	

2022 CALENDAR

January

S	M	T	W	T	F	S
						1
2	3	4	5	6	7	8
90	10	11	12	13	14	15
16	17	18	19	20	21	22
23	24	25	26	27	28	29

February

S	M	T	W	T	F	S
		1	2	3	4	5
6	7	8	9	10	11	12
13	14	15	16	17	18	19
20	21	22	23	24	25	26
27	28					

March

S	M	T	W	T	F	S
		1	2	3	4	5
6	7	8	9	10	11	12
13	14	15	16	17	18	19
20	21	22	23	24	25	26
27	28	29	30	31		

April

S	M	T	W	T	F	S
					1	2
3	4	5	6	7	8	9
10	11	12	13	14	15	16
17	18	19	20	21	22	23
24	25	26	27	28	29	30

May

S	M	T	W	T	F	S
1	2	3	4	5	6	7
8	9	10	11	12	13	24
15	16	17	18	19	20	21
22	23	24	25	26	27	28
29	30	31				

June

S	M	T	W	T	F	S
			1	2	3	4
5	6	7	8	9	10	11
12	13	14	15	16	17	18
19	20	21	22	23	24	25
26	27	28	29	30		

July

M	T	W	T	F	S
				1	2
4	5	6	7	8	9
11	12	13	14	15	16
18	19	20	21	22	23
25	26	27	28	29	30

August

S	M	T	W	T	F	S
	1	2	3	4	5	6
7	8	9	10	11	12	13
14	15	16	17	18	19	20
21	22	23	24	25	26	27
28	29	30	31			

September

S	M	T	W	T	F	S
				1	2	3
4	5	6	7	8	9	10
11	12	13	14	15	16	17
18	19	20	21	22	23	24
25	26	27	28	29	30	

October

M	T	W	T	F	S
					1
3	4	5	6	7	8
10	11	12	13	14	15
17	18	19	20	21	22
24	25	26	27	28	29
31					

November

S	M	T	W	T	F	S
		1	2	3	4	5
6	7	8	9	10	11	12
13	14	15	16	17	18	29
20	21	22	23	24	25	26
27	28	29	30			

December

S	M	T	W	T	F	S
				1	2	3
4	5	6	7	8	9	10
11	12	13	14	15	16	17
18	19	20	21	22	23	24
25	26	27	28	29	30	31

JANUARY 2022

SUNDAY	MONDAY	TUESDAY	WEDNESDAY
2	3	4	5
9	10	11	12
16	17	18	19
23	24	25	26
30	31		

JANUARY 2022

THURSDAY	FRIDAY	SATURDAY	
		1	
6	7	8	
13	14	15	
20	21	22	
27	28	29	

FEBRUARY 2022

SUNDAY	MONDAY	TUESDAY	WEDNESDAY
		1	2
6	7	8	9
13	14	15	16
20	21	22	23
27	28		

FEBRUARY 2022

THURSDAY	FRIDAY	SATURDAY	
3	4	5	
10	11	12	
17	18	19	
24	25	26	

MARCH 2022

SUNDAY	MONDAY	TUESDAY	WEDNESDA
		1	2
6	7	8	9
13	14	15	16
20	21	22	23
27	28	27	28

MARCH 2022

THURSDAY	FRIDAY	SATURDAY	
3	4	5	
10	11	12	
17	18	19	
24	25	26	
29	30	31	

APRIL 2022

THURSDAY	FRIDAY	SATURDAY
	1	2
7	8	9
14	15	16
21	22	23
28	29	30

APRIL 2022

SUNDAY	MONDAY	TUESDAY	WEDNESDAY
3	4	5	6
10	11	12	13
17	18	19	20
24	25	26	27

MAY 2022

SUNDAY	MONDAY	TUESDAY	WEDNESDAY
	1	2	3
7	8	9	10
14	15	16	17
21	22	23	24
28	29	30	31

MAY 2022

THURSDAY	FRIDAY	SATURDAY	
4	5	6	
11	12	13	
18	19	20	
25	26	27	
28	29	30	

JUNE 2022

SUNDAY	MONDAY	TUESDAY	WEDNESDA
			1
5	6	7	8
12	13	14	15
19	20	21	22
26	27	28	29

JUNE 2022

HURSDAY	FRIDAY	SATURDAY	
2	3	4	
9	10	11	
16	17	18	
23	24	25	
30			

JULY 2022

SUNDAY	MONDAY	TUESDAY	WEDNESDA
3	4	5	6
10	11	12	13
17	18	19	20
24	25	26	27
31			

JULY 2022

THURSDAY	FRIDAY	SATURDAY	
	1	2	_____
			_____
7	8	9	_____
			_____
14	15	16	_____
			_____
21	22	23	_____
			_____
28	29	30	_____
			_____
			_____
			_____

AUGUST 2022

SUNDAY	MONDAY	TUESDAY	WEDNESDAY
	1	2	3
7	8	9	10
14	15	16	17
21	22	23	24
28	29	30	31

HURSDAY	FRIDAY	SATURDAY	
4	5	6	
11	12	13	
18	19	20	
25	26	27	

SEPTEMBER 2022

SUNDAY	MONDAY	TUESDAY	WEDNESDA
4	5	6	7
11	12	13	14
18	19	20	21
25	26	27	28

SEPTEMBER 2022

URSDAY	FRIDAY	SATURDAY	
1	2	3	
			_____
			_____
8	9	10	_____
			_____
			_____
15	16	17	_____
			_____
			_____
22	23	24	_____
			_____
			_____
29	30		_____
			_____
			_____
			_____
			_____

OCTOBER 2022

SUNDAY	MONDAY	TUESDAY	WEDNES
2	3	4	
9	10	11	
16	17	18	
23	24	25	
30	31		

OCTOBER 2022

THURSDAY	FRIDAY	SATURDAY
		1
6	7	8
13	14	15
20	21	22
27	28	29

NOVEMBER 2022

SUNDAY	MONDAY	TUESDAY	WEDNESDAY
		1	2
6	7	8	9
13	14	15	16
20	21	22	23
27	28	29	30

NOVEMBER 2022

HURSDAY	FRIDAY	SATURDAY	
3	4	5	
10	11	12	
17	18	19	
24	25	26	

DECEMBER 2022

SUNDAY	MONDAY	TUESDAY	WEDNESDA
4	5	6	7
11	12	13	1.
18	19	20	2:
25	26	27	2ε

DECEMBER 2022

HURSDAY	FRIDAY	SATURDAY	
1	2	3	
8	9	10	
15	16	17	
22	23	24	
29	30	31	

2023 CALENDAR

January

S	M	T	W	T	F	S
1	2	3		4	5	6	7
8	9	10	11	12	13	14
15	16	17	18	19	20	21
22	23	24	25	26	27
28	29	30	31

February

S	M	T	W	T	F	S
			1	2	3	4
5	6	7	8	9	10	11
12	13	14	15	16	17	18
19	20	21	22	23	24	25
26	27	28

March

S	M	T	W	T	F	S
			1	2	3	4
5	6	7	8	9	10	11
12	13	14	15	16	17	18
19	20	21	22	23	24	25
26	27	28	29	30	31

April

S	M	T	W	T	F	S
						1
2	3	4	5	6	7	8
9	10	11	12	13	14	15
16	17	18	19	20	21	22
23	24	25	26	27	28	29
30

May

S	M	T	W	T	F	S
	1	2	3	4	5	6
7	8	9	10	11	12	13
14	15	16	17	18	19	20
21	22	23	24	25	26	27
28	29	30	31

June

S	M	T	W	T	F	S
				1	2	3
4	5	6	7	8	9	10
11	12	13	14	15	16	17
18	19	20	21	22	23	24
25	26	27	28	29	30

July

S	M	T	W	T	F	S
						1
2	3	4	5	6	7	8
9	10	11	12	13	14	15
16	17	18	19	20	21	22
23	24	25	26	27	28	29
30	31

August

S	M	T	W	T	F	S
		1	2	3	4	5
6	7	8	9	10	11	12
13	14	15	16	17	18	19
20	21	22	23	24	25	26
27	28	29	30	31

September

S	M	T	W	T	F	S
					1	2
3	4	5	6	7	8	9
10	11	12	13	14	15	16
17	18	19	20	21	22	23
24	25	26	27	28	29	30

October

S	M	T	W	T	F	S
1	2	3	4	5	6	7
8	9	10	11	12	13	14
15	16	17	18	19	20	21
22	23	24	25	26	27	28
29	30	31

November

S	M	T	W	T	F	S
			1	2	3	4
5	6	7	8	9	10	11
12	13	14	15	16	17	18
19	20	21	22	23	24	25
26	27	28	29	30

December

S	M	T	W	T	F	S
					1	2
3	4	5	6	7	8	9
10	11	12	13	14	15	16
17	18	19	20	21	22	23
24	25	26	27	28	29	30
31

JANUARY 2023

SUNDAY	MONDAY	TUESDAY	WEDNESDAY
1	2	3	4
8	9	10	11
15	16	17	18
22	23	24	25
29	30	31	

JANUARY 2023

HURSDAY	FRIDAY	SATURDAY	
5	6	7	
12	13	14	
19	20	21	
26	27	28	

FEBRUARY 2023

SUNDAY	MONDAY	TUESDAY	WEDNESDA
			1
5	6	7	8
12	13	14	15
19	20	21	22
26	27	28	

FEBRUARY 2023

HURSDAY	FRIDAY	SATURDAY	
2	3	4	_____
			_____
9	10	11	_____
			_____
16	17	18	_____
			_____
23	24	25	_____
			_____
			_____
			_____
			_____
			_____
			_____

MARCH 2023

THURSDAY	FRIDAY	SATURDAY
2	3	4
9	10	11
16	17	18
23	24	25
30	31	

MARCH 2023

SUNDAY	MONDAY	TUESDAY	WEDNESDAY
			1
5	6	7	8
12	13	14	15
19	20	21	22
26	27	28	29

APRIL 2023

SUNDAY	MONDAY	TUESDAY	WEDNESDAY
2	3	4	5
9	10	11	12
16	15	18	19
23	24	25	26
30			

APRIL 2023

HURSDAY	FRIDAY	SATURDAY	
		1	
6	7	8	
13	14	15	
20	21	22	
27	28	29	

MAY 2023

THURSDAY	FRIDAY	SATURDAY
4	5	6
11	12	13
18	19	20
25	26	27

MAY 2023

SUNDAY	MONDAY	TUESDAY	WEDNESDAY
	1	2	3
7	8	9	10
14	15	16	17
21	22	23	24
28	29	30	31

JUNE 2023

SUNDAY	MONDAY	TUESDAY	WEDNESDA
4	5	6	7
11	12	13	14
18	19	20	21
25	26	27	28

JUNE 2023

THURSDAY	FRIDAY	SATURDAY	
1	2	3	_____
			_____
8	9	10	_____
			_____
15	16	17	_____
			_____
22	23	24	_____
			_____
29	30		_____
			_____
			_____
			_____

JULY 2023

SUNDAY	MONDAY	TUESDAY	WEDNESDAY
2	3	4	5
9	10	11	12
16	17	18	19
23	24	25	26
30	31		

JULY 2023

HURSDAY	FRIDAY	SATURDAY
		1
6	7	8
13	14	15
20	21	22
27	28	29

AUGUST 2023

SUNDAY	MONDAY	TUESDAY	WEDNESDA
		1	2
6	7	8	9
13	14	15	16
20	21	22	23
27	28	29	30

AUGUST 2023

THURSDAY	FRIDAY	SATURDAY
3	4	5
10	11	12
17	18	19
24	25	26
30		

SEPTEMBER 2023

SUNDAY	MONDAY	TUESDAY	WEDNESD
		1	
3	4	5	
10	11	12	1
17	18	19	2
24	25	26	2

SEPTEMBER 2023

THURSDAY	FRIDAY	SATURDAY
	1	2
7	8	9
14	15	16
21	22	23
28	29	30

OCTOBER 2023

SUNDAY	MONDAY	TUESDAY	WEDNESDAY
1	2	3	4
8	9	10	11
15	16	17	18
22	23	24	25
29	30	31	

OCTOBER 2023

THURSDAY	FRIDAY	SATURDAY	
5	6	7	
12	13	14	
19	20	21	
26	27	28	

NOVEMBER 2023

SUNDAY	MONDAY	TUESDAY	WEDNESD
5	6	7	8
12	13	14	1
19	20	21	2
26	27	28	2

NOVEMBER 2023

HURSDAY	FRIDAY	SATURDAY	
2	3	4	
9	10	11	
16	14	18	
23	24	25	
30			

DECEMBER 2023

SUNDAY	MONDAY	TUESDAY	WEDNESD
3	4	5	6
10	11	12	1
17	18	19	2
24	25	26	2
31			

DECEMBER 2023

THURSDAY	FRIDAY	SATURDAY	
	1	2	
7	8	9	
14	15	16	
21	22	23	
28	29	30	

Made in the USA
Monee, IL
31 August 2021

76998012R00069